ISLA DE ESPERANZA

Una aventura de autodescubrimiento
y crecimiento personal

DONNA BARDELL

Cuaderno de Trabajo y Referencias Incluidos

Copyright © 2019 Donna Bardell

All rights reserved.

Paperback
978-1-64184-177-1

ebook
978-1-64184-178-8

A mis padres por sus más de tres décadas de sobriedad.
A mis hermanos por su fuerza y valentía.
A mis hijos por sus corazones compasivos.
Ustedes son mi inspiración.

AGRADECIMIENTOS

El amor, el apoyo y el aliento de familiares y amigos fue el combustible que alimentó la publicación de este libro. Me siento humilde por aquellos que leyeron versiones tempranas de la historia y proporcionaron comentarios perspicaces. Louise Peters, Mandy Bass, Susan Arslanian, Carolyn Hendricks, Tomi Helm, M.J. Rennaker, Saska Richards, Tonya Kelly, Mary Salakie, Peggy Zorn, y Mani Powers, me da mucha alegría leer las partes del libro que reflejan sus sugerencias. Un pedazo de ustedes vive dentro de la historia. Yo agradezco eso.

Linda Villegas Bremer, tu traducción al español permitió que este recurso tuviera un alcance significativamente mayor. Gracias por donar tu tiempo y talento.

Dra. Becky Bailey, los años en que trabajé con usted y enseñé la Disciplina Consciente® fueron transformadores para mí. Tus siete Poderes y siete Habilidades me dieron un marco saludable para vivir. Son una parte tan importante de mí que se reflejan inevitablemente en el libro.

Quiero agradecer especialmente a mis padres, Don y Judy, y a mis hermanos, Brian, Lance, Tracy y Darren. La belleza de la historia de sanación y recuperación de nuestra familia es una de las cosas de las que me siento más orgullosa en mi vida. Honro el trabajo que cada uno de ustedes ha hecho en su viaje hacia la integridad. A lo largo de los años, hemos sufrido una tragedia individual y colectiva, pero hemos tomado la pérdida y la hemos convertida al amor. Hemos asumido la responsabilidad de nuestras acciones, hemos perdonado las transgresiones y hemos mantenido corazones compasivos. Celebro tu fuerza y valentía, y los amo por completo.

Por último, quiero agradecer a mis hijos, Evan y Ashley. Ustedes dos no tuvieron más remedio que viajar conmigo en mi viaje hacia la integridad. A través de cada etapa, me han mostrado un amor incondicional inquebrantable, sin importar lo difícil que fueran las cosas para ustedes. Veo sus poderosas luces. ¡Háganla brillar sobre el mundo!

EL DESCARGO DE RESPONSABILIDAD

En cuanto los personajes de esta historia son ficticios, sus experiencias son comunes. Cualquier parecido con personas reales es una coincidencia. Las actividades en el cuaderno de trabajo están diseñadas para respaldar el proceso de curación, pero no son un sustituto para el asesoramiento y la atención profesional.

CONTENIDO

PRÓLOGO	1
CAPÍTULO 1: CUMPLEAÑOS	3
CAPÍTULO 2: MOLDAVITA	13
CAPÍTULO 3: ROTO	17
CAPÍTULO 4: LIBERTAD	23
CAPÍTULO 5: GRACIA	31
CAPÍTULO 6: VERDAD	39
CAPÍTULO 7: ESPERANZA	47
CUADERNO DE TRABAJO	49
APOYO	71

PRÓLOGO

El viento soplaba con fuerza contra el rostro de Sophia mientras remaba frenéticamente por el agua, forzando a la corriente de lágrimas que rodaran por sus mejillas y gotearan en sus oídos. Ella no iba a pararse para secarlos. Su frente arrugada y su expresión severa eran solo indicadores menores comparados a la rabia que sentía. Las olas rompieron alrededor del kayak, ahora lo único que le quedaba de su abuelita. La mañana había empezado tan brillante y soleada; ahora el cielo era como una pizarra gris. Las nubes se movían rápidamente arriba en el cielo como si iban a llegar tarde a una cita. Sophia sintió que iba a llover, pero en lo único que podía concentrar era escapar a su lugar seguro en la Isla de Esperanza.

Habían pasado tres años desde que la abuelita de Sophia había muerto, y desde entonces había estado escapando a la isla cercana. La isla estaba a solo unos cientos metros de su casa, pero hoy se sentía como si el viaje era de un día entero para llegar allí. Las gaviotas la persiguieron por toda la paleta, se lanzaron sobre ella y le gritaron con lo que sonaba, "¡Date prisa! ¡Sal de aquí! ¡Escóndete!" Aunque era agotador, Sophia no dejó de remar hasta que llegó a la isla. Cuando oyó que el fondo del kayak se rascaba contra las rocas, la arena y las conchas, se dio cuenta de que había llegado a la orilla. Arrastró el barco hacia la playa y lo llevó al bosque, a salvo de la marea que lo pudiera arrastrar, robándole el único camino de regreso a casa. Las nubes oscuras comenzaron a liberar una lluvia ligera, liberándola para limpiar la tierra. Sophia corrió por un camino profundo dentro de la isla, jadeando mientras la adrenalina seguía brotando en sus venas. Ella sabía que los árboles gruesos de la isla la protegerían del clima.

Cuando Sophia encontró su escondite favorito, desabrochó los tres broches de su chaleco salvavidas y lo puso en el suelo. Se acurrucó en una bola bajo el dosel oscuro del árbol, apoyando su cabeza en su chaleco espumoso. Se permitió empezar a sentir la pena por haber estado adormecida todos estos años. Ella comenzó a sollozar. Al principio fue lento, como un grifo dejado parcialmente abierto, y luego se construyó como el crescendo de una orquesta en una explosión arraigada profundamente en sus entrañas. La liberación terminó en un grito en la parte superior de sus pulmones. En este santuario boscoso ella lloró por la locura de su vida hogareña. Lloró por su pérdida de inocencia tan temprana. Lloró por su abuelita. Lloró por el vacío que sentía en el centro de su ser. Sophia se sobresaltó por los sonidos guturales que provenían de su interior, pero permitió que el grifo lloroso se abriera por completo.

CAPÍTULO 1
CUMPLEAÑOS

Era el décimo cumpleaños de Sophia, y ella y su abuelita Judy se prepararon para hacer un viaje especial de campamento a la Isla de Esperanza. Su abuelita Judy era una ávida excursionista y campista y sabía cómo empacar para esta aventura nocturna. Había viajado por todo el mundo visitando diferentes países y culturas con solo una mochila. Puso esa experiencia en práctica mientras le mostraba a Sophia cómo almacenar los suministros del campamento en las dos mochilas que llevaban ellas a la isla. Una vez que colocaron sus mochilas, se las ataron y comenzaron a caminar hacia la marina de la comunidad donde se guardaba el kayak de su abuelita Judy.

Mientras caminaban hacia el centro de deportes acuáticos, Sophia pensó en lo especial que era su vecindario. Su casa estaba rodeada de árboles y de ahí se veía la ensenada. Podía ver una cordillera desde su porche delantero. También podía ver a los ciervos cruzar su patio mientras se alimentaban de las plantas en su jardín. Sophia no podía recordar un solo día cuando no veía a un ciervo. Siempre estaban alrededor. Cuando la vieron, se congelaron en su lugar con una mirada fija, esperando a decidir quién debía moverse primero: el humano o el ciervo. Pasarían tres años antes de que Sophia entendiera su conexión especial con los ciervos.

Después de caminar unos minutos, llegaron al puerto deportivo. Sophia y su abuelita sacaron el kayak para dos personas del estante de almacenamiento y lo llevaron al agua a solo unos metros de distancia. Sophia se sentía como un caballo de carreras en la entrada, lista para correr. Ella se sentó en el asiento del kayak delantero. Su abuelita Judy las lanzó desde la orilla y saltó en el asiento trasero. Tan pronto como empezaron a remar en dirección a la Isla de Esperanza, dos focas moteadas de color marrón emergieron sobre el agua, nadando juguetonamente junto al kayak. Era como si estuvieran en la celebración de cumpleaños. Los enérgicos mamíferos se zambullían en el agua fría y periódicamente sacaban sus narices bigotudas, mirando con sus ojos oscuros, color de chocolate, directamente a los de Sophia. Las focas siempre la hacían sonreír. Sus suaves comportamientos le recordaban a su perro perdiguero labrador. Parecían tan inocentes, especialmente las crías de foca. Algunos días, Sophia caminaba hasta el final del muelle y observaba a las focas tomar el sol en los troncos atados a los pilones. Los pilones fueron diseñados para romper la estela de los remolcadores y lanchas que viajaban más allá del puerto deportivo de la comunidad. Los sellos parecían pensar que los troncos eran sillones diseñados a medida para ellos.

El sol comenzaba a ponerse cuando Sophia y su abuelita Judy llegaron a la isla para la celebración de cumpleaños. Llevaron el kayak a la orilla y colocaron sus pertenencias en el suelo. Era hora de que compartieran su ritual de ver cómo se retiraba el sol sobre las montañas distantes. En este día especial, el cielo era un lienzo de acuarela con rosas, azules, púrpuras, naranjas y oro.

Su abuelita Judy dijo, "¡Es tiempo de hacer el Saludo al Sol!"

Juntas, Sophia y la matriarca de su familia, estaban de pie frente al globo descendente. Como su abuelita le había enseñado, Sophia respiró profundamente a través de su nariz, imaginando que estaba inhalando amor a través de su corazón. En la exhalación se centró en su apreciación de la belleza circundante. Su pecho se movió suavemente hacia arriba y hacia abajo. Su cuerpo se relajó.

Las dos comenzaron al unísono, "Levanto mis manos hacia el sol radiante," mientras estiraban sus brazos hacia el sol poniente. Luego abrieron los brazos en forma de V y dijeron, "Doy la bienvenida con satisfacción a la luz que nos ilumina como una sola unidad." Luego, gritaron, "Saludo al águila que vuela alto en el cielo," mientras balanceaban sus brazos hacia atrás y adelante. Luego, acercando sus brazos a sus lados, rodaron los hombros varias veces mientras decían, "Dejo ir mis preocupaciones y las veo fluir." A esto siguió, "Toco la tierra rodeada de mar," y se inclinaron para sentir la hierba al lado de sus pies. Para terminar, se pararon una frente a la otra, mirándose directamente a los ojos. Mientras creaban formas de corazón con sus dedos, concluyeron con, "Veo la luz del amor en ti y en mí."

Sophia le dio a su abuelita una sonrisa grande. Era en estos momentos que Sophia se sentía más feliz. Su abuelita Judy se fijó profundamente a los ojos de Sophia. Puso sus manos sobre los hombros de su nieta y acercó a la niña a su cuerpo. Sophia podía escuchar los latidos del corazón de su abuelita mientras descansaba su oído derecho contra el pecho de su abuelita. Sophia permaneció en su abrazo durante un minuto entero, sus respiraciones sincronizadas. Sophia se giró para contemplar la brillante paleta de colores del cielo mientras la luz del sol bailaba de las nubes sobre las colinas y montañas. Ella aprecio lo que "majestuosa montaña púrpura" significaba en la canción "América la Bella."

"Será mejor que acampemos antes de que oscurezca," dijo su abuelita Judy.

Sophia deslizó sus brazos a través de las correas de su mochila y la colocó sobre su espalda. Ella ayudó a su abuelita a poner su paquete que contenía el saco de dormir y la carpa. Luego las dos siguieron el camino alrededor de la isla.

Las excursiones a la Isla de Esperanza con su abuelita Judy siempre fueron ocasiones especiales, pero esta noche fue muy especial. Su abuelita le había dicho que la entrada a la "vida de dos dígitos" era un rito de paso. Ella dijo que el número diez era muy poderoso. El número uno representa un nuevo comienzo y el cero amplifica la potencia del número uno. Ella le dijo a Sophia que este día era el comienzo de una nueva vida para ella. Sophia no estaba segura de lo que significaba todo eso, pero le gustaba como sonaba.

Mientras caminaban por el sendero, Sophia notó huellas en el camino de tierra de arcilla de otros caminantes que habían estado allí y notó la corteza de color óxido que se desprendía de los árboles madrona. En su caminata, ella veía los momentos más destacados del último rayo de sol asomándose a través de las ramas. Amaba esta isla del Noroeste del Pacífico y la forma en que la hacía sentir tan cerca de la naturaleza. De repente, una ardilla corrió por el sendero frente a Sophia y corrió hacia un árbol de hoja perenne.

Cuando los ojos de Sophia siguieron a la ardilla, se dio cuenta de lo grueso y alto que era el árbol y se preguntaba acerca de su edad. Tenía curiosidad por cuantos años el árbol había vigilado la isla mientras construía un hogar para los animales y un refugio para los humanos. Ella pensó, "Cuando sea mayor de edad, voy a construir una casa entre los árboles y con vista al agua."

"Abuelita Judy, ¿qué es lo que más te gusta de la Isla de Esperanza?" preguntó Sophia, mientras caminaban por el perímetro de la isla.

"Oh, Dios mío, es imposible elegir una cosa sobre la isla ya que hay tanta belleza viviendo aquí," respondió su abuelita. "Puedo elegir la única cosa que me hace sentir ... ¡conectada!"

Sophia le dirigió a su abuelita una mirada confundida.

"¿Conectada a qué?" Preguntó ella.

"Conectada a todo lo que es ... conectada a mí misma."

"¿Qué dices, abuelita Judy? ¿Cómo estás conectada a todo y conectada a ti misma? "

Su abuelita Judy dejó de caminar, se giró para mirar a su nieta y dijo, "Tenemos una hermosa vista de la montaña desde aquí. Vamos a armar el campamento y te explicaré durante la cena."

Dejaron sus mochilas y rápidamente recorrieron el área en busca de piezas de madera para construir una fogata. Su abuelita Judy recogió las rocas más grandes para crear un límite para contener el fuego. Ella esculpió un pozo de fuego en la arcilla usando una de las rocas con un borde afilado. Sophia apiló la madera como su abuelita le había enseñado a hacer cuando era pequeña. Con un encendedor de bolsillo, su abuelita Judy encendió las agujas secas y las ramitas que ella había colocado debajo de la madera. A los pocos minutos tenían un fuego cálido y relajante que crepitaba bajo el cielo de la tarde.

Siguiente, la cumpleañera y su amada abuelita desempacaron sus mochilas. Instalaron su carpa pequeña, desenredaron los sacos de dormir y los colocaron dentro de la carpa junto con sus otras pertenencias. Su abuelita Judy puso una manta en el suelo, no lejos de la fogata. Sophia sacó el agua de su mochila y llenó cada una de sus tazas. Las puso en la manta cerca del plato de emparedados que su abuelita había empacado, junto con una bolsa de uvas congeladas. Sophia notó lo perfecto que era su comida simple. Escogió su lugar en la manta y se sentó. Su abuelita Judy se sentó a su lado. Miraron hacia el agua, observando los últimos remanentes de la deslumbrante puesta de sol.

Cuando el sol se desapareció detrás de las montañas, su abuelita Judy dijo que era hora de un reflejo de gratitud. Permaneciendo sentadas y con las piernas cruzadas, se voltearon, una frente a la otra, y se tomaron de las manos. Su abuelita Judy dijo, "Creador divino, presente donde quiera y en todos los seres y todas las cosas. Estamos agradecidas por las plantas y los animales que se dieron de sí mismos para nutrir nuestros cuerpos. Agradecemos el kayak y las palas que nos permitieron viajar a este lugar de belleza. Apreciamos la oportunidad de unirnos a la celebración de los diez años de vida de Sophia en este sagrado planeta. Abrimos nuestros corazones y recibimos este amor con gratitud."

Sophia siempre amaba las reflexiones de gratitud de su abuelita. Tenían el poder de calmarla, creando una calma interior que solo sentía cuando estaba con su abuelita.

"¡Vamos a comer!" exclamó su abuelita Judy.

Mientras disfrutaban de su comida, Sophia se dio cuenta de lo lejos que se sentía su casa en tierra firme a pesar de que físicamente podía ver las luces brillar a través de las ventanas de las casas de sus vecinos.

"Abuelita ..." comenzó Sophia.

"¿Sí, preciosa?"

"... ¿Qué querías decir cuando dijiste que te sientes más conectada con todo lo que es y con ti misma cuando vienes aquí?"

La mujer de sesenta y cinco años miró a Sophia y le dijo, «¿Puedo hacerte una pregunta primero?»

Sophia asintió.

"¿Cuál es tu cosa favorita de esta isla?" preguntó su abuelita Judy.

Sophia se rió. "¡Me encantan tantas cosas sobre este lugar! Me encantan los árboles altos y los senderos debajo. Me encanta la forma en que las plantas se revientan de color en la primavera. Me encanta lo tranquilo que es. Me encantan todas las diferentes aves y animales que la hacen nuestra casa. Me encantan las vistas de montañas, los amaneceres vibrantes y las puestas de sol. Más que nada, me encanta que me olvido de todo lo demás en mi vida."

Su abuelita Judy sonrió amorosamente a su nieta y con voz cálida dijo, "Has descrito perfectamente lo que significa 'estar conectada con todo lo que es y con mí misma.' La chispa de la fuerza vital que creó las plantas y los animales en esta isla y en todo el planeta es la misma chispa dentro de ti y de mí. Siempre que estoy en la naturaleza, especialmente aquí en la Isla de Esperanza, recuerdo esta verdad. Estamos conectadas con todos y con todo. Es por eso que es tan importante honrar y respetar a otras personas y el planeta. Cuando dañamos a otro, nos estamos dañando a nosotros mismos, y viceversa."

Sophia arrugó la frente como siempre lo hacía cuando estaba pensando profundamente. Ella consideró las palabras de su abuelita y se sentían bien. Y también sintió una tristeza pesada.

"Abuelita ... ¿por qué papá bebe y se comporta como lo hace? ¿Y por qué mamá finge que todo está bien? ¡Lo odio! ¿No conocen esta conexión?"

Su abuelita Judy acercó a su nieta a su lado, cadera a cadera, y puso su brazo izquierdo alrededor de la niña.

"Sophia, cuando las personas lastiman a otros, están representando su propio dolor. La mayoría de las personas no se dan cuenta de la conexión de la cual estamos hablando. Piensa que es como ser un sonámbulo a través de la vida, inconsciente de nuestra conexión con todo, e inconsciente de nuestro impacto. Como tú te estás dando cuenta, es posible que tu mamá y tu papá se despierten del sueño, o de la pesadilla, en cual están y comiencen de nuevo."

Sophia respondió rápidamente, «¿Pero no has intentado despertarlos?»

Su abuelita Judy miró a su nieta y dijo, "Por supuesto que sí, amada mía. No están listos para despertar, pero tengo esperanza que sí lo hagan."

"¡Esperanza! ¡Ese es el nombre de la isla en la que estamos!" dijo Sophia, encantada.

Las dos se quedaron en silencio por unos minutos, sus ojos siguiendo chispas de la fogata flotando hacia arriba en medio del humo débil. Miraron con fijeza las estrellas que apenas comenzaban a brillar a través del silencioso cielo índigo. De repente oyeron un profundo aullido en la distancia. Sophia miró a su abuelita con los ojos muy abiertos.

"Estás a salvo, mi hija. Esa llamada viene de otra isla," dijo su abuelita Judy con una sonrisa mientras descansaba una mano en el muslo de la niña. "Sabes, es un regalo escuchar al lobo usar su voz para expresarse. ¡Y hablando de regalos, es hora del regalo tuyo!"

Esto sorprendió a Sophia; ella pensó que el viaje de campamento era su regalo de cumpleaños. Vio a su abuelita Judy desabrochar el collar de plata que llevaba alrededor de su cuello y que llevaba una pieza cruda de la piedra moldavita, color bosque verde. Ella la había usado durante todo el tiempo que Sophia podía recordar. Su abuelita Judy se puso de rodillas y maniobró detrás de Sophia, abrochando las joya venerada alrededor del cuello de su nieta.

"¡Abuelita Judy!" Exclamó Sophia. "¿Me estás dando esto ... para quedarme con él?"

"Ahora es el momento de que seas el guardián de esta piedra preciosa. Durante décadas me ha recordado mi conexión con todo lo que es. Quiero que uses esto como un recordatorio de la chispa de la Creación dentro de ti."

Sophia estuvo honrada por poder usar el collar de su abuelita. Siempre había admirado la gema de forma irregular. Nunca había imaginado que algún día lo usaría.

Abuelita Judy notó la expresión alegre de Sophia. Puso las manos a los lados del rostro de su nieta y besó suavemente cada mejilla. Ella se echó hacia atrás, mirando directamente a los ojos de la niña. Con voz tierna, susurró, "Feliz cumpleaños, Sophia. Te amo, y la Fuente que creó todo lo que es te ama. Siempre recuerda que no hay nada que puedas hacer o experimentar, que pueda alterar esa chispa dentro de ti. Tú eres amor y siempre estás rodeada de amor. Nunca, nunca estás sola."

Sophia no pudo contener su alegría. Lanzó sus brazos alrededor de su abuelita, haciendo que las dos cayeran hacia atrás sobre la manta con una risita juguetona. Rodaron sobre sus espaldas y levantaron la vista hacia las estrellas brillantes. Sophia sintió el calor del fuego y el calor del amor de su abuelita. En su mente, tomó una foto del momento alegre, almacenándolo en su corazón. Ella la necesitaría más allá.

CAPÍTULO 2
MOLDAVITA

Por la mañana, el sol anaranjado brillaba entre los árboles de hoja perenne y entre las grietas de la solapa que cubría la entrada de la carpa. Sophia se sentó y notó que su abuelita no estaba a su lado. Su cuerpo se estremeció por el frío del aire húmedo y la pérdida de calor del cuerpo de su abuelita. Tocó su pecho para sentir el collar de moldavita y sonrió para sí misma. Sophia se sintió afortunada. No podía imaginar haber tenido una celebración de cumpleaños más especial. Su abuelita Judy siempre hizo la vida mejor.

La niña de diez años se puso rápidamente la sudadera y los zapatos para caminar antes de salir de la carpa para encontrar a su amada compañera de campamento. Notó que el exterior de su refugio ahora estaba cubierto de gotas húmedas, igual que la hierba, la tierra, las hojas y cualquier otra superficie que pudiera ver. El olor de la madera quemada de su fogata nocturna se mantuvo. Cuando Sophia inhaló el olor, sintió que el aire fresco de la mañana se movía por su nariz. Levantó la vista y vio a su abuelita Judy sentada en una mesa de picnic frente a la siempre presente montaña a través del agua.

"¡Buenos días abuelita!" gritó Sophia.

"Bien. Buenos días," respondió su abuelita Judy, "¡Qué fabuloso el amanecer esta mañana! El cielo era rosa neón cuando el sol salía detrás de la montaña. Cómo amo un buen amanecer."

"¡Y una buena puesta de sol!" exclamó Sophia.

Abuelita Judy miró a Sophia con la sincera sonrisa en la que la niña confiaba tan bien. Ella palmeó un lugar junto a ella en el banco cubierto de toallas, indicándole a Sophia que se sentara a su lado. Cuando llegó a la mesa de picnic, su abuelita Judy estaba de pie con los brazos abiertos. Sophia se acurrucó en el pecho de su abuelita, absorbiendo el amoroso abrazo en el que confiaba.

Después de dejar entrar el amor de su abuelita, las dos se sentaron uno al lado de la otra, mirando hacia el agua a la montaña iluminada por el sol. Sophia reflexionó sobre la conversación que tuvo anoche con su abuelita. Le encantaba poder hablar con ella sobre cualquier cosa; ella también amaba la forma en que simplemente podía sentarse con su abuelita Judy y no decir nada. Después de unos minutos su abuelita Judy rompió el silencio.

"¿Tienes hambre? Puedo obtener las barras de granola y las manzanas de la bolsa en la caja de osos."

"Sí, por favor abuelita," respondió ella. Su abuelita Judy caminó hacia la caja de metal provista en su campamento para mantener su comida a salvo de animales hambrientos o curiosos. Abrió la caja y recogió los alimentos y bebidas. Luego llevó los artículos del desayuno a la mesa de picnic donde estaba Sophia y preparó el desayuno de estilo continental.

Cuando terminaron de comer, empacaron su campamento. Sophia arrojó agua sobre las brasas restantes de la hoguera, y las dos comenzaron su caminata de regreso al kayak. Cuando llegaron a la nave tándem, la recogieron y la llevaron al mismo lugar donde aterrizaron en la playa el día anterior. Una vez más, Sophia se sentó por adelante.

Cuando empezaron a remar, alejándose de la isla, la niña de diez años giró la cabeza para mirar a su abuelita, mirando hacia el fondo a la Isla de Esperanza.

"Abuelita Judy … gracias por hacer que mi décimo cumpleaños sea tan especial. ¡Fue el mejor cumpleaños de todos! Nunca me voy a quitar el collar de moldavita."

"Ahora el collar de moldavita es tuyo," enfatizó su abuelita. "Me alegra que estás feliz, cariño. ¡Yo también! Tú iluminas mi mundo."

Cuando llegaron a la casa de Sophia, eran casi las diez de la mañana. Su abuelita Judy acompañó a Sophia al interior. Su mamá estaba despierta, pero su papá todavía estaba en la cama. "¡Hola mamá, ya volvimos!" exclamó Sophia.

"¿Cómo estuvo tu viaje de campamento?" preguntó su mamá mientras lavaba los platos. Ella no paró lo que estaba haciendo ni se volvió para mirar a Sophia.

Sophia le echó un vistazo a su abuelita, que la estaba viendo con una mirada comprensiva. "¡Fue grandioso! ¡Abuelita Judy me dio su collar de moldavita!

"¿Ella te dio su qué?" preguntó la mamá de Sophia.

"¡Su collar de moldavita! Es esa gema verde y vidriosa que siempre usa en una cadena de plata. Abuelita Judy me dijo que la moldavita es una roca proyectil formada por un impacto de meteorito hace casi 15 millones de años … ¡y ahora es mío!"

"Qué bien," respondió su mamá, todavía lavando los platos y mirando por la ventana por encima del fregadero.

Sophia miró hacia el piso y dijo, "Voy a ir a mi cuarto." Se acercó a su abuelita con una energía notablemente menos que cuando entró en la casa y le dio un abrazo largo. Ella susurró, "Te amo," en el oído de su abuelita. La mujer mayor respondió con lo mismo, luego Sophia se dio la vuelta y subió los escalones. No podía saber que esta sería la última vez que abrazaría a su abuelita Judy o escucharía su voz.

CAPÍTULO 3
ROTO

A pesar de que habían pasado tres años desde que su abuelita había muerto, la pérdida de la profundidad hacía que se sintiera como si fuera ayer. Ella había aprendido a vivir sin el abrazo amoroso de su abuelita Judy y descubrió que usando su imaginación para hablarle le ayudaba a aliviar el dolor. Algunos días, Sophia remaba hacia la Isla de Esperanza y se sentaba en la orilla del agua cuando la marea estaba baja. Cerraba los ojos y recordaba instantáneamente de su décimo cumpleaños. Ella fácilmente recordó la imagen de las dos yaciendo bajo las estrellas después de que su abuelita le explicó sobre la chispa que 'la conecta con todo lo que es.' Fue la misma noche que le dio a Sophia su collar de moldavita. Los recuerdos de Sophia de su abuelita, combinados con el agua tranquila y fresca, y el aire, eran un remedio seguro para el malestar que Sophia sentía a menudo. Estando en la naturaleza con su abuelita Judy solía hacer el viaje a la Isla de Esperanza en el kayak, un ritual de renovación para Sophia. Ahora, cuando hacía la corta travesía a su lugar seguro, lo hacía en solitario para escapar de su vida hogareña.

El otro lugar donde Sophia escapaba fue la casa de su mejor amiga, Tara. Las chicas se conocieron cuando entraron en la escuela secundaria y se hicieron amigas de inmediato. Tara se había vuelto como una hermana. Terminaban los discursos de la otra y, a veces, ni siquiera necesitaban hablar para saber lo que la otra estaba pensando. Podían mirarse y simplemente asentir con comprensión. Sophia compartía todo con Tara. Todos los secretos de su familia estaban encerrados en la mente segura de Tara. Sophia estaba agradecida de tener a alguien con quien hablar y no preocuparse por ser juzgada o criticada.

En su propia casa ella seguía sintiéndose sola. Una vez le preguntó a su mamá por qué no le contó a alguien sobre la bebida de su padre. La respuesta de su mamá fue, "No es asunto de nadie lo que sucede en esta casa. ¡No ventilaremos nuestra ropa sucia en público!" Sophia se sintió avergonzada por las cosas que su padre le hizo cada noche y concluyó con la declaración de su mamá que *ella* era la ropa sucia.

Con su abuelita Judy ya no estando aquí, Tara hizo la vida más soportable. Los padres de Tara se divorciaron y su mamá salía casi todas las noches. No había nada que Sophia pudiera decir sobre su familia que Tara no entendiera. Para Sophia, Tara era su lugar seguro virtual. Las dos chicas conversaban cada noche antes de acostarse, lo que ayudó a Sophia a poner a un lado sus miedos al acostarse y a dormir. Sophia no sabía qué haría si no tuviera a su amiga.

La noche anterior, Sophia llegó a la casa de Tara después de la cena. La mamá de Tara iba a quedarse fuera muy tarde, y Tara era responsable de cuidar a su hermano pequeño. Después de que ella lo acostó, Tara y Sophia se sentaron en el porche trasero escuchando su música de baile electrónica favorita. La temperatura era cómoda – ni fría y ni calorosa. Una ligera brisa periódicamente cepillaba sus rostros, atrayendo su atención a la belleza de la noche.

En ese momento Sophia se sintió segura. Fue un alivio no tener que preocuparse por las visitas borrachas de su padre.

"Tara ... ¿sabes a dónde va tu mamá por la noche cuando te deja aquí para cuidar a tu hermano?"

"No estoy segura. Hay un bar y un restaurante en la ciudad a los que le gusta ir. Hace un par de años, llamaron a la casa para pedir que alguien fuera por ella porque se había caído de un taburete en el suelo. Les dije que no había nadie aquí que pudiera hacer eso. No sabía cómo ella iba a llegar a casa y estaba preocupada por ella toda la noche. Cuando finalmente me dormí, ella todavía no estaba en casa. Desperté en medio de la noche porque escuché algunos ruidos provenientes de la sala. Decidí ir a ver si era mi mamá, pero cuando llegué a la mitad del camino en la escalera la vi estrechada en el piso de la sala besando a un tipo que nunca había visto antes. Los dos estaban sin ropa ... ¡Estaba mortificada!"

Sophia puso su mano en el hombro de su amiga, la miró a los ojos y le preguntó, «¿Qué hiciste?»

"Me di la vuelta y corrí arriba por la escalera! Me lancé a la cama y me puse las mantas encima de la cabeza. Estaba llorando y mi cuerpo temblaba. Me sentía enferma."

"¿Tu mamá supo que la viste?"

"¡Sí! Ella vino a mi habitación de inmediato y se sentó a mi lado en la cama. Retiró las mantas de mi cabeza y me preguntó que qué me pasaba. La miré directamente y le dije que la vi desnuda en el suelo con un extraño. Ella me dijo que yo estaba soñando... que no era verdadero ... ¡pero sé lo que vi! Allí estaba ella, sentada a mi lado sin ropa y tratando de convencerme de que mis ojos me habían engañado. Ella me hizo dudarme. Eso realmente me hace sentir atascada."

Sophia se acercó a Tara y le dio un suave abrazo.

"Lo siento mucho, Tara. Eso es terrible."

La ternura de Sophia provocó lágrimas en Tara. Lentamente siguieron los contornos del rostro de la niña hacia su barbilla y sobre el hombro de Sophia.

Las dos chicas se quedaron en silencio por varios momentos hasta que Sophia rompió el silencio, "Sé lo que es sentir que te estás volviendo loca."

Las chicas se separaron de su abrazo y se fijaron a los ojos.

"Desde que era una niña pequeña que tomaba siestas, mi papá ha estado entrando a mi habitación mientras duermo. Solía levantarme de una siesta y allí estaba él, desnudo conmigo en la cama. Me hizo sentir tan asquerosa por dentro. El primer recuerdo que tengo en mi vida es cuando tenía alrededor de tres años. Me desperté de lo que llamo mis 'Sueños de Persecución,' donde estoy corriendo por un callejón oscuro y húmedo, tratando de alejarme de alguien que está corriendo detrás de mí. Nunca veo quién es; ¡No me volteo y miro hacia atrás, solo corro! Tengo Sueños de Persecución casi todas las noches; Despierto agotada cada mañana."

Esta vez fue Tara quien hizo la consolación. Cogió la mano derecha de Sophia y la apretó entre las suyas. Ella no interrumpió a su amiga. Su gesto simple comunicaba amor y apoyo.

Sophia continuó, "Durante los últimos 10 años, mi papá ha estado entrando a mi habitación mientras yo duermo. Cuando era pequeña no sabía nada mejor, pero ahora sí, y eso me disgusta."

Sophia comenzó a sollozar.

"Me siento dañada... rota! ¿Quién puede amarme?"

Tara cogió un pañuelo y se lo dio a su amiga. Sophia se sonó la nariz, y continuó.

"Lo que me vuelve loca es que nunca hablamos de eso; pretendemos que no está sucediendo, como si todo fuera solo un sueño, igual a lo que tu mamá quería que creyeras sobre ella y ese chico."

Tara asintió con la cabeza y luego preguntó, «¿Lo sabe tu mamá?"

"Supongo que ella sí sabe. No veo cómo ella no podía darse cuenta de que él entra en mi habitación; es una casa pequeña y ha estado sucediendo desde que tengo memoria."

"Ahora sé por qué te gusta pasar la noche en mi casa," dijo Tara.

"¡Sí!" Fue la simple respuesta de Sophia.

A pesar de que hablar sobre su padre le molestaba a Sophia, también se sintió un poco más

ligera después de compartir más de su secreto con Tara. Desafortunadamente, ese alivio fue de corta duración.

Cuando Sophia regresó a su casa la mañana siguiente, su padre estaba lanzando un ataque. Se paró sobre su mamá, que estaba sentada a la mesa de la cocina con un plato de tocino, huevos y pan tostado delante de ella. La cara de su padre estaba tan cerca a la de su mamá que él estaba escupiendo en su oído mientras él revelaba su ira sobre ella.

"¡No puedes hacer nada bien! ¿Qué difícil es poner el tocino en una sartén y cocinarlo? ¡No le prestas atención a lo que estás haciendo!"

Algo dentro de Sophia se quebró. Ella había tenido suficiente de su intimidación. Dejó caer su maleta pequeña en la puerta principal y corrió hacia sus padres.

"¡Basta!" Le gritó a su papá, "¡No puedes hablarle a mamá de esa manera!"

Cuando Sophia estaba a un pie de distancia de su padre, ella colocó sus pies firmemente en el piso de la cocina y lo miró ferozmente a sus ojos furiosos.

"¿Por qué no puedes dejarnos solas?"

Su audacia la sorprendió. También sorprendió a sus padres. Sin parpadear, su padre abofeteó a Sophia en la mejilla derecha y la envió volando hacia el piso laminado. Luego se colocó sobre ella, se agachó, agarró el collar de moldavita y lo arrancó del cuello de Sophia. Sintió una sensación de ardor en la parte posterior de su cuello donde había estado el collar, pero no era rival para el fuego en su barriga mientras observaba a su padre arrojar el collar de moldavita contra la puerta del refrigerador, rompiendo la gema de cristal en varios pedazos. Sophia no podía creerlo. En un instante, su conexión con su abuelita y la fuerza que Sophia encarnó de ella desaparecieron.

"¡Te odio! ¡Arruinas todo bueno!" gritó Sophia.

Se levantó rápidamente y se dirigió a la puerta principal, agarró su mochila y salió corriendo de la casa, cerrando la puerta ruidosamente detrás de ella. A continuación, cogió su bicicleta y su chaleco salvavidas de la cochera y se dirigió al puerto deportivo donde estaba guardado el kayak de su abuelita. Necesitaba escapar de la vida enloquecedora en la que se sentía atrapada.

En menos de dos minutos, Sophia estaba en el área de estacionamiento al lado de los bastidores de kayak. Ella dejó caer su bicicleta en el lote de grava. Con una cara manchada de lágrimas, arrastró el kayak al agua, entró y remó con furia hacia la Isla de Esperanza. Ni una sola vez se volvió para mirar la vida que quería dejar atrás.

CAPÍTULO 4
LIBERTAD

El corazón y el cuerpo de Sophia estaban extremadamente gastados. Ella usó cada onza de energía que tenía para remar a la isla. El peso de su dolor agravó su fatiga. Cuando llegó a su lugar favorito, el campamento de su décimo cumpleaños, se sentó bajo los árboles, que la protegían de la lluvia ligera. Sus ojos estaban puestos a través del agua a la montaña distante. Pensó en ese viaje de campamento y en cómo esa fue la última remada a la Isla de Esperanza con su abuelita Judy antes de que pasó de largo tan de repente. Sophia se había sentido tan segura con su abuelita; ahora se sentía completamente perdida, sin saber que hacer.

Mientras descansaba en el suelo, con la cabeza apoyada en su chaleco salvavidas, recordó el aullido del lobo que ella y su abuelita Judy escucharon esa noche de su cumpleaños; se preguntó si el lobo había estado pidiendo ayuda. En este momento, Sophia quería aullar. Ella empezó a llorar; sus sollozos podían ser oídos por cualquier criatura cercana. Eventualmente ella dejó escapar un grito gutural. El flujo continuo de lágrimas empañó su visión; sus párpados se estaban poniendo pesados. El agua y la montaña ahora estaban brumosos; así también estaba su cabeza.

Sophia oyó el chasquido de un palo y se sentó. Ella parpadeó varias veces para tratar de enfocar. Miró detrás de ella y se sorprendió al ver a un lobo majestuoso sentado en el centro del sendero, mirándola. Tenía brillantes ojos ámbar, que contrastaban fuertemente con el pelaje blanco, negro y gris de su cara y cuerpo. Sophia sintió que este lobo no le haría daño, se levantó del suelo y caminó lentamente hacia él.

Cuando Sophia estaba al lado del animal, se agachó y mantuvo la palma de la mano abierta para que el lobo la oliera.

"Hola, amigo," dijo Sophia. "¿Quién eres?"

Sophia escuchó una respuesta del lobo, pero no fue con sus oídos. Era como si el lobo hablara profundamente dentro de ella misma.

"Mi nombre es Libertad," dijo el lobo. "Soy tu guía para el viaje por delante. ¿Me sigues? Hay algo que quiero que veas."

Sophia sonrió de acuerdo. El lobo se volvió y comenzó a guiarla a través del bosque. Ella siguió al musculoso animal por un camino estrecho entre una gran variedad de árboles gigantescos. Todo lo que veía era la vida vegetal a su alrededor y un techo de ramas de hoja perenne en lo alto. El terreno era duro y, en ocasiones, Sophia tenía que pasar por encima de una gruesa raíz que atravesaba el sendero. Hubo un completo silencio, excepto por los pájaros que cantaban desde el dosel del árbol. Cada y cuando, Libertad giraba su cabeza y le daba a Sophia una mirada tranquilizadora. Se sentía conectada a este lobo de una manera inexplicable.

Después de varios minutos de caminata en el bosque, Sophia escuchó un sonido de goteo débil, en la distancia. Libertad dio un giro a la derecha en el camino, haciendo su propio camino hacia el sonido. Condujo a la niña a una corriente fría. Se dio cuenta de un cambio en la temperatura y una nueva calidad en el aire cuando se paró al borde del agua. La muchacha curiosa se arrodilló en el borde de hierba para sentir el agua con sus manos; ella no podía creer lo puro y claro que era. Ella sonrió mientras miraba el collage de guijarros multicolores que cubrían el fondo del arroyo y los peces pequeños y brillantes que corrían en la corriente sobre las piedritas.

La niña y el poderoso animal se sentaron juntos al borde del arroyo. Sin pensarlo, Sophia puso su mano en la espalda de Libertad y comenzó a acariciarle el pelo. Se dio cuenta de que su abrigo era mucho más áspero y grueso que el de su perro. También notó lo natural que se sentía estar con él; era como si siempre hubiera sido parte de su vida.

Después de unos minutos de disfrutar la escena pacífica, Libertad rompió el silencio, "Sophia, te he estado cuidando durante los últimos trece años. He visto el valor con el que enfrentas las circunstancias difíciles con tu familia. También he visto lo bien que encajas tus sentimientos internos, especialmente ira. Cuéntame qué sucedió esta mañana cuando entraste a tu casa y viste a tus padres en la cocina."

Los ojos de Sophia se llenaron de lágrimas cuando le contó a Libertad cómo encontró a su padre gritándole a su mamá sobre el tocino quemado y cómo se arremetió ella contra él para rescatar a su mamá.

"¡No pude aguantar su intimidación ni un minuto más! ¡A él no le importa nadie más que a sí mismo! Él trata a mi mamá y a mí como si fuéramos objetos que estamos a su disposición para hacer lo que él quiera. Es como si no valemos nada; no somos importantes. Ya no podía soportarlo."

Libertad alzó la cabeza y, con sus ojos dorados, miró directamente a la niña manchada de lágrimas.

"¿Cómo te sentiste, Sophia, usando tu voz con tu papá?"

La niña se detuvo por un momento, levantando sus ojos en dirección al dosel del árbol, como si recordara imágenes en su mente. Luego volvió a mirar a Libertad y respondió, "Me sentí fuerte al principio ... hasta que él me golpeó."

El lobo se inclinó hacia Sophia. Él inclinó la cabeza hacia abajo, descansando la parte superior de su frente en el centro del pecho de Sophia. Sophia rascó a Libertad detrás de las orejas. Respiró hondo y, mientras exhalaba, Sophia sintió un calor dentro de su propio corazón.

Libertad entonces la miró y le dijo, "Fue una cosa valiente que hiciste, defendiendo a tu mamá. Tú estabas también de pie por ti misma. ¿Ves eso, Sophia?"

La niña miró a Libertad a los ojos y asintió.

"Establecer límites con otros es muy importante. Eso es lo que estabas tratando de hacer con tu papá. Desafortunadamente, él no está en un lugar en su vida donde pueda escuchar, y todo se volvió inseguro. Tu seguridad es de suma importancia, Sophia. Hay adultos fuera de tu hogar que te escucharán y te ayudarán. ¿Puedes pensar en un adulto en quien confíes con quien puedas hablar?

Sophia pensó en su maestra favorita, la señorita Shekinah. Ella siempre le sonreía a Sophia cuando la saludaba al comienzo de la clase. Ella también pasó más tiempo con ella después de la escuela ayudándole con su tarea. A menudo, la señorita Shekinah le decía, "Hay un futuro brillante para ti, Sophia. No te rindas." Sophia quería creer que lo que la señorita

Shekinah decía era verdad. Consideró la posibilidad de contarle a su maestra los mismos secretos que había compartido con Tara.

De repente, Sophia sintió varias emociones diferentes salir a la superficie al mismo tiempo. Se sintió enojada con su padre por la forma en que la trató a ella y a su mamá. Se sintió enojada con su mamá por no protegerlas. Ella sintió dolor por su collar de moldavita roto. Se sintió aliviada ante la posibilidad de que ya no tuviera que mantener las cosas en secreto y que podría haber ayuda. Sophia notó que la tensión que sentía en su garganta se relajaba lentamente.

Miró a los ojos ámbar de Libertad y confesó, "Me siento segura con la señorita Shekinah, mi profesora de matemáticas, pero me siento nerviosa por contarle lo de mi padre."

Libertad asintió con comprensión. "Sophia, sé que te puede dar miedo hablar de estas cosas, especialmente con alguien que no sea de tu familia. La señorita Shekinah es una buena opción. Es posible que ella necesite involucrar a otros ayudantes para que te protejan. Tienes el derecho de estar a salvo y necesitas ayuda para hacerlo."

Con voz quebradiza, Sophia respondió, "... Quiero que mi padre se detenga, que deje de abusarme."

"Sophia, hablando con un adulto de confianza sobre lo que está pasando en tu casa es algo importante para tu seguridad. También ayudará a mover la energía que puede atascarse en tu cuerpo cuando te sientas asustada o enojada. Las emociones están destinadas a surgir, informándote de lo que estas sintiendo y luego ser liberadas. Hablar con alguien sobre cómo te sientes te ayuda a hacer eso."

La niña atenta recordó cómo se sentía más ligera la noche anterior después de contarle a Tara de las visitas de su padre a su habitación.

"Piénsalo de esta manera: la 'E' en la palabra 'emoción' significa energía y el resto de la palabra es 'moción.' Tus sentimientos son como esta corriente aquí; el movimiento continuo mantiene la claridad. Si mantienes tu miedo y tu ira dentro de ti, eso puede crear una represa interna, bloqueando el flujo de energía. Ese bloque puede desconectarte de tus instintos e intuiciones. Cuando te permites sentir tus emociones y luego liberarlas, mantienes esa energía en movimiento. Esto te ayudará a mantenerte conectada con tu Ser Verdadero, quién eres realmente.

Sophia escuchaba atentamente a Libertad. Quería que la pesadez en su corazón se fuera.

El lobo continuó.

"Además de hablar con alguien sobre lo que está sucediendo en tu vida, ¿puedes pensar en algunas cosas físicas en que disfrutas que también ayuden a que fluya esta energía?"

La niña de 13 años pensó por un momento y respondió, "Me encanta la música y el baile. A veces me pongo los auriculares, toco mis canciones favoritas en mi teléfono con el volumen alto y bailo alrededor de mi habitación."

"¡Brillante! Bailar es una manera excelente de conectarte con tu cuerpo y mover energía. Practicar los estiramientos de 'Saludo al Sol' de tu abuelita frente al espejo también te podría asistir."

Los ojos de Sophia se iluminaron. Se había olvidado del ritual que ella y su abuelita Judy hacían cada vez que llegaban a la Isla de Esperanza. Ella asintió con entusiasmo.

Libertad se detuvo por un momento. Luego, con una mirada seria en sus ojos, dijo suavemente, "Permitiendo que tus sentimientos fluyan como esta corriente puede liberarte. Para simbolizar esto, agáchate, ahueca tus manos y toma un trago. Imagina que el agua enjuague tus sentimientos heridos y abrigados."

Sophia siguió la guía de Libertad. Se arrodilló al borde del arroyo, juntando las manos. Los llenó con agua fresca y limpia de la corriente y tomó un trago. El agua se sintió ligera y fresca cuando Sophia la tragó. Cerró los ojos e imaginó la ira que sentía hacia su padre y su mamá como una fogata ardiente. Imaginó que el agua dulce apagó el fuego, dejando solamente humo. Ella abrió los ojos. El fuego en su vientre se había desaparecido.

Libertad notó que los hombros de Sophia caían y su rostro se relajaba. Ya no había signos de angustia en su cuerpo. Sophia sonrió a su guía y envolvió sus brazos alrededor de su cuello grueso y peludo. Ella lo abrazó con fuerza y puso su rostro en su grueso abrigo de piel. Mientras lo sostenía cerca, inhaló su aroma a almizcle, lo que la hizo sonreír. Decidió en ese momento que la próxima vez que se sintiera asustada o enojada pensaría en su amigo almizclado, se pondría los auriculares y bailaría. ¡Incluso, puedo comprar una vela con aroma a almizcle a la luz en honor a Libertad!

"Creo que estás listo para conocer a Gracia," le dijo Libertad.

Sophia lo miró con curiosidad y le preguntó, «¿Quién es Gracia?"

"Lo descubrirás en breve," respondió. "Ella, también, se preocupa por ti profundamente."

CAPÍTULO 5
GRACIA

Sophia siguió a Libertad mientras caminaban hacia lo más dentro del bosque. Ella mantuvo una mano sobre la espalda lanosa del lobo y la otra extendida para tocar las plantas y los árboles a lo largo del camino. Amaba el olor de la tierra y las texturas del bosque. Por primera vez, Sophia sintió que la pesadez con la que siempre vivía comenzaba a levantarse de su pecho.

Cuando estaban en lo profundo de los árboles, Sophia notó una familia de ciervos de cola blanca en la distancia. Se detuvo de repente para enfocarse en la familia, ya que su camuflaje natural los hacía casi invisibles. Se acordó de los ciervos que encontró cerca de su casa. Siempre le gustó la forma en que se quedaron quietos cuando notaron que estaba presente, mirándola a los ojos como para decirle algo y luego saltando con *gracia* en la dirección opuesta.

"¡Oh! ¡Creo que sé quién es Gracia!" exclamó Sophia.

Libertad la miró, sus ojos centelleando. La condujo en dirección a la familia de ciervos que aún los miraban. Había dos cervatillos manchados, un ciervo con cuernos cubiertos de fieltro que comenzaban a brotar, y una cierva grande. Cuando Sophia y Libertad se acercaron, los cervatillos se fueron al bosque con el macho que los seguía de cerca. La cierva se quedó, esperando la llegada de Sophia.

"¡Hola, Gracia!" dijo Sophia alegremente.

"Hola, Sophia," vino una respuesta tranquila del centro de la niña de trece años, "es un placer conocerte finalmente. He estado esperando este día por mucho tiempo."

"¿Sabes quién soy … y me has estado esperando? ¿Cómo puede ser?"

La cierva se acercó a Sophia, deteniéndose cuando estaban cara a cara. Los tiernos ojos de ébano de Gracia atrajeron a Sophia, creando una poderosa conexión entre ellas.

"Te he estado vigilando desde que eras una niña pequeña. ¿Caminarás conmigo?" Sophia miró a Libertad, quien le dirigió una mirada de aprobación y respondió, «¡Claro!»

Gracia y Sophia siguieron tranquilamente por el sendero boscoso. Libertad les dio espacio, pero se quedó cerca. La niña notó la abundancia de follaje verde vibrante que delineaba el camino. El follaje se destacó contra la corteza gris y rojiza de los árboles esparcidos por todo el bosque. Gracia se detuvo junto a un gigantesco abeto de Douglas. Sophia sabía el tipo de hoja perenne que era por su corteza gruesa y profundamente surcada. Cuando era pequeña, su abuelita Judy le enseñó las diferencias acerca de los árboles en la región; éste era fácilmente reconocible por su capa exterior.

"Sophia, dime lo que ves cuando miras este árbol," pidió Gracia.

Sophia extendió la mano derecha y sintió el exterior del árbol. Pasó la palma de la mano por la superficie áspera, permitiendo que las yemas de sus dedos exploraran los surcos de la corteza.

"Veo una corteza gruesa en el exterior…" anunció, mientras miraba el árbol de cerca.

Sophia continuó moviendo su mano a través de la corteza mientras sus ojos exploraban el árbol. Cuando miró hacia abajo, vio un caracol en la base del árbol. Su caparazón era de color marrón rojizo con una banda oscura a lo largo de la periferia.

"¡Mira el caracol, Gracia! ¡Sus colores son hermosos!"

Sophia se agachó para mirarlo más de cerca y Gracia se acercó a ella.

"Sí, lo es," estuvo de acuerdo Gracia. "¿Qué tienen en común el caracol y el árbol, Sophia?"

La niña miró a la pequeña criatura que se aferraba a la corteza, y se le ocurrió que cada uno estaba encerrado.

"Bueno, ambos tienen capas externas que los protegen. El abeto de Douglas tiene una corteza gruesa y el caracol tiene una cáscara dura."

"Esa es una observación muy buena, Sophia," respondió la cierva. "También veo algunas cosas similares en ti."

La niña se volvió para mirar a Gracia, confundida.

"Eres tan regia como este árbol y tienes la dulzura de este caracol. Aunque no naciste con una capa exterior dura y protectora, has creado un escudo invisible alrededor de tu corazón para protegerlo. Y como se siente natural querer construir una barrera para evitar el dolor, esa misma barrera evita que entre el amor."

Sophia pensó en la idea de un escudo. La imagen de su mamá vino a la mente. Podía ver cómo el escudo de su mamá la adormecía. Algunos días su mamá parecía una cáscara vacía. Sophia no quería quedarse 'sin vida' igual que su mamá.

Como si Gracia hubiera escuchado los pensamientos de la niña, dijo, "Puedes bajar tu escudo, Sophia. La chispa de la creación está siempre dentro de ti. Te puede ayudar a sanar y crecer desde cualquier situación y comenzar de nuevo. Al igual que las astas del ciervo macho se descartan cada invierno, vuelven a crecer en la primavera, independientemente del tipo de invierno que haya sido para él. Tu tienes la misma capacidad de recuperación y poder para regenerarte después de cualquier evento de vida doloroso. No estás definido por las acciones de tus padres o por lo que se te ha hecho. Al estar quieta, puedes conectarte a tu propio poder, a la chispa dentro de ti."

Sophia no comprendía. No podía imaginar cómo el estar quieto podía darle poder.

"No entiendo, Gracia. ¿Cómo funciona? Después de que mi padre me golpeo y rompió mi collar de moldavita, salí corriendo de mi casa y fui a la Isla de Esperanza. No había manera de que pudiera estar quieta. No quería estar en esa casa un minuto más. Todo lo que pude pensar era de irme tan lejos como pudiera."

La cierva miró a los ojos de la niña con una amabilidad que transmitía una comprensión profunda.

"Sophia, estar segura, donde no te hagan daño, es de importancia crítica. Tus instintos te decían que huyeras. Como Libertad compartió contigo antes, tus instintos contienen una percepción que es vital. Justo cuando has visto a mis amados como estatuas y en el siguiente instante saltando al bosque por seguridad, tus instintos te dicen cuándo debes hacer lo mismo."

Sophia le escuchó atentamente a la cierva.

"En la experiencia que sufriste en casa esta mañana con tu padre, el movimiento físico fue necesario para mantenerte segura. Me imagino que tus emociones eran fuertes en ese momento. ¿Puedo preguntarte qué sentiste cuando saliste de tu casa y te fuiste a la Isla de Esperanza?"

Sophia le dio a Gracia una mirada vacía, como si no sabía nada.

"Cuando no estás segura de cómo te sientes, quedándote quieta puede ayudarte a acceder a tu sabiduría interior," aconsejó el animal. "Si lo deseas, podemos practicar calmar tu mente y tu cuerpo para que sepas cómo hacerlo."

Sophia le dijo a Gracia que quería aprender. Se sentó en el suelo del bosque, cruzó las piernas y aguardó con impaciencia el entrenamiento de la cierva.

Gracia guio a Sophia a tomar tres respiraciones profundas. Gracia le dijo en cada inhalación que se dijera a sí misma "Paz a mi mente," y en la exhalación, "Mis pensamientos y mi cuerpo están quietos."

Sophia siguió sus instrucciones.

Después de que la niña tomó su tercer aliento, Gracia le susurró, "Ahora relájate, respirando normalmente. Concéntrate en respirar como te enseñó tu abuelita Judy.

Después de un minuto de silencio, Gracia le dijo, "Si notas que tus pensamientos vagan, simplemente repite, 'Paz a mi mente. Mis pensamientos y mi cuerpo están quietos.' Continúa respirando naturalmente."

Sophia se quedó en silencio durante varios minutos, practicando aquietándose. De repente las palabras, "¿Cómo pudo él hacer eso? ... No es mi culpa ... me siento sola," se metieron en su cabeza. Ella no sabía de dónde venían las palabras, pero sabía que eran propias a ella.

"¡Gracia! ¡Recibí un mensaje!" exclamó Sophia.

La cierva yació en el suelo junto a Sophia, con las piernas dobladas debajo de ella. La proximidad de la cierva era un consuelo. Gracia miró directamente a Sophia.

"Te conectaste con tu 'sabio dentro de ti misma.' ¿Tienes más perspicacia sobre lo que has estado sintiendo?" Gracia preguntó en voz baja.

Sophia respondió rápidamente, "Siento que estoy por mi cuenta para cuidarme. Es como si mis padres me pusieron en un kayak sin remo y me empujaron a la entrada del océano. ¡Se supone que deben cuidarme, no enviarme al mar! ¡Me siento tan enojada con ellos! Pensé que, si me comportaba y no molestaba a mi papá, entonces él no se emborracharía y no le haría daño a mi mamá ni a mí. Por muchos años me he sentido avergonzada; no quería que nadie supiera lo que estaba pasando en mi casa. Mi mejor amiga, Tara, es la única persona en que he confiado. ¡Ahora, después de calmarme, me doy cuenta de que nada de esto es mi culpa!"

Gracia miró a la niña con amor y respondió, "Tienes mucho porque sentirte abandonada y enojada."

Luego, la cierva apoyó la cabeza en el regazo de Sophia. Sophia acarició el suave abrigo de piel de Gracia. Las lágrimas comenzaron a correr por sus mejillas. Libertad y Gracia se quedaron sentadas en silencio, honrando el dolor de la niña.

Después de liberar algo del dolor de su corazón, Sophia usó la manga de su chaqueta para limpiarse las lágrimas de su cara. Luego miró a Gracia.

La cierva sintió que parte del dolor de Sophia se había liberado y le preguntó, «¿Cómo estás?»

Sophia sonrió levemente a la cierva y respondió, "Mejor."

Luego, Gracia le aconsejó que siempre tiene acceso al 'sabio dentro de sí misma.'

"Trata de crear un período de tiempo para estar quieta cada día y conectarte con tu corazón, tal vez a la primera hora de la mañana, o por la noche, antes de irte a dormir."

Sophia dijo que sí lo haría. Con eso, la niña y la cierva se levantaron y se fueron a donde Libertad esperaba pacientemente.

"Puedes hacer esto, Sophia. Cree en ti misma," dijo Libertad con confianza.

Gracia le dio a Sophia la misma expresión de seguridad y dijo, "Es hora de que me reúna con mi familia y que tu puedas reunirte con un amigo más hoy."

La niña le dio gracias a Gracia por enseñarle a calmarse para poder conectarse con su 'sabio dentro de sí misma.' Ella abrazó con fuerza la cierva, sus brazos se envolvieron completamente alrededor de su cuello.

Después del abrazo, Sophia se despidió de Gracia. La cierva entrañable saltó en la misma dirección en que su familia se había ido.

Sophia miró a Libertad y preguntó, «¿A dónde iremos siguientemente?"

Libertad la miró con lo que parecía ser una sonrisa traviesa y respondió, «¡Te llevaré a la playa!»

El lobo amistoso y la niña que estaba sanando corrieron juntos en dirección al océano.

CAPÍTULO 6
VERDAD

Libertad estaba diez pasos adelante de Sophia, su cola se movía de un lado a otro mientras se lanzaba entre los árboles. Sophia sonrió para sí misma mientras trataba de atraparlo. Se enorgullecía de poder superar a todos los niños de su clase, y estaba decidida a correr al lado del lobo. Cuando Sophia se acercó, Libertad saltó sobre una roca grande y usó la superficie dura para proyectarse hacia adelante. Él voló con gracia por el aire con las cuatro piernas completamente extendidas como una bailarina. Sophia corrió alrededor de la roca y saltó tan alto como pudo con sus brazos y piernas estiradas hacia afuera, imitando a su amiga peluda. Sintiéndose libre, se rio con deleite.

Mientras continuaban su carrera juguetona por el bosque, Sophia notó lo fuerte que se sentía su cuerpo. Estaba completamente sintonizada con el movimiento de los músculos de sus piernas y sus brazos bombeando mientras aceleraba entre los árboles gigantes. Ella y

Libertad corrían tan rápidamente que los detalles de su entorno se perdían; todo lo que notó fue un borrón verde de follaje. Su enfoque estaba en su amigo. Periódicamente, tenía que entrecerrar los ojos ante un rayo de sol que atravesaba el dosel de los árboles. La cegaría por un momento y luego desaparecería. La única constante era el olor a tierra de arcilla mezclada con la humedad del aire.

No sabía si su competidor canino se estaba desacelerando o si ella estaba acelerando, pero de repente Sophia estaba corriendo al lado del lobo. Cada y cuando exhalaban en voz alta al mismo tiempo, su respiración sincronizada. Ella miró a Libertad y él le devolvió la mirada con ese brillo juguetón en sus ojos. Sophia sintió un estallido de alegría en su corazón. Miró hacia adelante y vio una abertura en los árboles donde la playa llena de sol se encontraba con el borde sombreado del bosque. Juntos llegaron a la playa.

Mientras los dos amigos caminaban por la arena, Sophia se dio cuenta de que habían regresado al campamento de cumpleaños donde conoció a su amigo lobo. Pensó en cómo a su abuelita Judy le hubiera encantado conocer a Libertad y a Gracia. Se le ocurrió que tal vez su abuelita Judy se las había enviado. Ese pensamiento calentó el corazón de Sophia y la hizo sonreír.

"Mira la parte superior de ese gran árbol de hoja perenne a tu derecha," dijo Libertad mientras apuntaba su hocico en dirección al árbol elevado en la cúspide de la playa.

Sophia vio una enorme águila calva apoyada en una rama en la cima del árbol. Ella antes había visto águilas volar sobre el agua cerca de su casa. Recordó un momento en que ella y Tara estaban caminando por el puente bajo hacia una isla cercana y se encontraron con uno. El águila estaba montando el viento, flotando a solo

10 pies de altura. El ave dominante había chillado a las chicas mientras se movía sobre ellas, dándoles tiempo para inspeccionar la parte inferior del ave y las alas extendidas. Cuando el águila finalmente se fue volando, se miraron y se rieron alegremente por el regalo que habían recibido del pájaro que vuela más alto en el cielo.

El águila miró a Sophia y Libertad, y luego de repente tomó vuelo. Se elevó en dirección a la montaña, volando más y más alto hasta que cogió una brisa y luego se deslizó por el cielo. Sophia vio que no había ningún esfuerzo en las acciones del águila, ninguna resistencia. Permitió que las fuerzas naturales en el cielo lo llevaran. Se le ocurrió pensar que, si el águila tenía todo dentro y alrededor de él para volar, tal vez ella también. Ella acababa de descubrir que tenía amigos animales que la habían cuidado toda su vida. Tal vez todo lo que necesitaba para volar por encima de su situación familiar y sentirse libre, también estaba dentro y alrededor de ella.

De repente, el águila bajó la cabeza y comenzó a acelerar rápidamente en su dirección. Sophia se sintió emocionada. Cuando el ave se acercó, se ralentizó, levantó las alas y aterrizó suavemente en la espalda de Libertad. El águila rápidamente giró la cabeza de lado a lado, luego miró directamente a Sophia. Al igual que con Libertad y Gracia, Sophia podía escuchar al pájaro hablarle desde dentro de sí misma.

"Hola, Sophia. Mi nombre es Verdad. Nos hemos conocido antes, tú y yo. ¿Te acuerdas?"

Sophia no lo podía creer! Era el águila calva del puente, y él la recordaba.

"¡Sí! ¡Por supuesto! ¿Como podría olvidarte?"

Sophia se arrodilló junto a su guía lobo para poder estar al nivel de Verdad.

"He visto lo difíciles que han sido las cosas para ti, Sophia. El dolor y la soledad que has sentido no definen verdad de quién eres. Estás tan cerca de los cielos como yo, porque llevas el espíritu divino dentro de ti.

"Has recibido buenas direcciones y consejos de Libertad y Gracia en tus viajes de hoy. Queda un viaje más, pero este debes hacerlo sola. Como siempre, Libertad, Gracia y yo te cuidaremos.

Sophia sintió miedo en su cuerpo.

"¿Por qué tengo que hacer esto yo sola?"

El águila miró a los ojos de Sophia. De repente, tuvo una imagen de sí misma volando a través de los cielos junto al poderoso pájaro, mirando directamente hacia su ojo izquierdo. Notó el color dorado de su iris y una fuerza que penetraba desde su pupila. Sophia parpadeó y volvió a su cuerpo sentada en la playa.

"Este es un viaje dentro de ti, Sophia. Todos podemos hacerlo, aunque no todos elijamos viajar. He visto tu coraje y sé que estás lista. ¿Confías en mí que estarás a salvo?"

Sophia asintió con la cabeza arriba y abajo. Ella confiaba en esta ave, tanto como había confiado en su abuelita Judy y de la misma manera que confiaba en Libertad y Gracia.

"Muy bien. Siéntate en una posición cómoda, cierra los ojos y sigue mis instrucciones."

Sophia se sentó en la playa y cerró los ojos. Verdad le dijo que respirara hondo.

"Observe con la inhalación cómo se eleva tu pecho a medida que sts pulmones se llenan de aire. Aguanta la respiración por unos momentos y luego suéltala lentamente. Siente cómo el aire abandona tu cuerpo en tu exhalación e imagínalo eliminando todas las preocupaciones y dolores que tienes. Repite estas respiraciones profundas y de limpieza dos veces más."

Verdad esperó el tercer aliento de Sophia antes de decir, "Ahora relájate, manteniendo los ojos cerrados, respirando naturalmente."

Sophia siguió las instrucciones de Verdad, notando el estado de descanso de su cuerpo. El águila calva entonces dijo, "En tu imaginación, levántate de donde estás sentado en la playa y camina por el sendero del que vinieron tú y Libertad."
El pájaro se detuvo, permitiendo a Sophia crear la imagen en su mente.

"Ahora imagina que el camino te lleva a una cueva con una puerta de madera redonda en la entrada. Abre la puerta y entra. Fíjate en lo oscuro que está dentro de la cueva, excepto por el débil resplandor de una luz esmeralda en la distancia."

Verdad se detuvo para permitir que Sophia creara la imagen en su mente.

"Sigue el camino dentro de la cueva; Continúa dirigiéndote hacia esa luz.

Sophia podía ver la puerta de la cueva, el camino y la luz brillante dentro de los ojos de su mente. Se imaginó caminando por un camino circular hacia el centro de la tierra. Aunque el camino estaba oscuro, excepto por la luz distante, Sophia ya no sentía miedo. Se sentía segura y estaba ansiosa por ver de dónde venía la luz.

En su mente, siguió el camino circular varias veces y luego el camino se abrió a una caverna expansiva. Entró en la espaciosa caverna. Había rocas de todos los tamaños dispersas, cada una con el mismo exterior vidrioso de color verde oscuro. Sophia se sintió obligada a tocar una. Se agachó y recogió una pequeña roca que encajaba en la palma de su mano. Ella frotó su pulgar sobre su superficie irregular. Miró a su alrededor y se dio cuenta de que todas las rocas tenían la misma superficie, excepto una grande que emergía de la tierra. Estaba a varios metros de distancia.

Sophia se acercó para examinar la roca grande. Era del mismo tipo que las otras, pero se había dividido por la mitad; una mitad yacía en el suelo mientras que la otra mitad estaba erguida. Sophia caminó alrededor de la estructura de roca para inspeccionar todos sus lados. Ella se quedó sin aliento cuando vio su parte trasera; ella se quedó congelada. La roca verde tenía una superficie lisa espejada que reflejaba una luz brillante. Se dio cuenta de que esta era la fuente de la luz brillante que iluminaba su camino. Mientras miraba la roca, comenzó a llorar. Esta vez sus lágrimas no eran de dolor; eran lágrimas de asombro y alegría.

La niña cayó de rodillas, humillada por el peso de su intuición. Sophia reconoció que la luz no venía de la roca. Se dio cuenta de que la roca era una moldavita dividida gigante, su superficie brillante reflejaba una luz que se proyectaba desde el pecho de Sophia. En ese momento, Sophia comprendió que el amor y la fuerza que su abuelita le había dado siempre estaba dentro de sí misma. La fuente no estaba fuera de ella en un pequeño trozo de roca meteórica canalizando el amor de su abuelita. La fuente de luz era el amor con el que fue creada, y todavía existía dentro de ella.

Sophia recordó repentinamente las palabras de su abuelita Judy en su décimo cumpleaños, "Te amo y la fuente que creó todo lo que es, te ama. Siempre recuerda que no hay nada que puedas hacer o experimentar que pueda alterar la chispa dentro de ti. Tú eres amor y siempre estás rodeada de amor. Nunca, nunca estás sola." Sophia ahora sabía lo que su abuelita quería decirle, y reconoció su propia chispa.

Sophia volvió a mirar su reflejo en la gigantesca pieza de moldavita y sonrió ampliamente. Ella se mantuvo erguida y tomó una foto en su mente. Quería poder recordar esta imagen de sí misma con la luz del amor que brilla desde su centro. Quería capturar el calor que sentía cuando reconoció esta Verdad. Respiró hondo de la misma manera que el águila le había ordenado que la preparara para su viaje en solitario. En la exhalación, dio gracias por las increíbles lecciones que recibió de sus amigos animales.

Sophia abrió los ojos lentamente. Se encontró acostada en el suelo húmedo de la Isla de Esperanza. Estaba rodeada de helechos, su chaleco salvavidas debajo de su cabeza y una pluma de águila, larga y negra en el suelo delante de ella.

CAPÍTULO 7
ESPERANZA

Al principio, Sophia se sintió desorientada. Se sentó, estiró los brazos en el aire y se frotó los ojos. No estaba segura de si realmente estaba viendo una pluma de águila frente a ella o si era el remanente de un sueño. Ella se acercó y recogió la pluma.

"¡El viaje fue real!" exclamó Sophia.

Inspeccionó la pluma de cerca mientras regresaba en sus pensamientos a sus encuentros con Libertad, Gracia y Verdad. Le habían mostrado quién era ella realmente dentro de sí misma, y cómo manejar sus problemas. Se dio cuenta de que, mientras que la gema de su abuelita aún estaba rota, ahora tenía la pluma de Verdad para recordarle lo que había aprendido en su viaje. Sophia abrió la cremallera de su mochila y puso suavemente la pluma dentro para mantenerla segura para la paleta de regreso. Cerró la bolsa, se la puso en la espalda y se levantó.

Con su confianza recién nacida, Sophia agarró su chaleco salvavidas y comenzó la caminata de regreso a la playa. Ella notó que estaba sonriendo; ella disfrutó el conocimiento de que nunca estaba sola. Cuando alcanzó el kayak de su abuelita, se quitó la mochila y la metió dentro. Luego tiró el kayak en el agua y se subió.

Cuando Sophia comenzó a remar, se sorprendió de lo diferente que se sentía comparada con su frenética paleta a la Isla de Esperanza hace poco. Ahora, volviendo a tierra firma, se sentía fuerte. Pensó en la forma en que Verdad le reveló la chispa de amor dentro de ella. Se le ocurrió que, dado que todos fueron creados a partir de ese mismo amor, significaba que su padre y su mamá también tenían esa chispa dentro de ellos. Algo puede estar cubriéndola, evitando que su luz brille a través de ellos, pero debe estar allí. Reflexionó sobre la técnica que Gracia le dio para calmar su mente y su cuerpo, conectándola con su 'sabio dentro de sí misma' y aprovechando su propio poder. Ella recordó el mensaje de Libertad para permitir que fluyan sus sentimientos y usar su voz para contarle a un adulto seguro lo que está sucediendo en su vida.

Cuando Sophia llegó a la orilla, salió del kayak y se giró para ver su refugio en la isla. Sacó la pluma del águila de su mochila y la sostuvo en sus manos.

Mientras miraba a través de la entrada del océano a la masa de tierra llena de árboles, gritó, «¡Soy amor y estoy conectada a todo lo que es!»

En ese momento ella hizo un pacto consigo misma. Empezando mañana, iba a pasar los primeros cinco minutos de cada día calmando su mente y su cuerpo; cada vez que se sentía molesta, iba a hacer los estiramientos de 'Saludo al Sol' o poner en marcha su música favorita a todo volumen y bailar; y ella iba a contarle a la señorita Shekinah sobre su vida hogareña.

Por primera vez en su vida, Sophia sintió lo que prometía el nombre de la isla.

CUADERNO DE TRABAJO

CUADERNO DE TRABAJO

Libertad, Gracia y Verdad le dieron a Sophia varias herramientas para usar en su viaje de sanación. Puedes usarlos también. No hay forma incorrecta de aplicarlos. Elige y escoge las prácticas y actividades que mejor resuenen contigo y dales tu intención personal.

SESIÓN DE ESCRITURA / PREGUNTAS DE DISCUSIÓN

Haz tiempo para una sesión de escritura. Esto puede ser una buena forma de comprender cómo te sientes acerca de una situación y puede ser una poderosa liberación emocional. Cuando planeas la sesión de escritura, primero respira hondo para relajarte y conectarte con tu 'sabio dentro de ti mismo.'

Aquí, abajo, hay varias preguntas relacionadas con la historia de Isla de Esperanza que pueden responderse a través de una sesión de escritura o en discusión con una persona o grupo de confianza. Reflexiona sobre una pregunta y luego escribe o comparte tu respuesta. Tómate tu tiempo con cada pregunta; no están intentadas de ser respondidos en solamente una sesión de escritura o discusión.

Lugares Seguros

- Isla de Esperanza es el lugar físico que era seguro para Sophia. Encontraba un momento tranquilo y sin perturbación, y se sentía segura porque la Isla le recordaba del amor de su abuelita Judy. Además, estando rodeado de naturaleza le ayudaba a Sofía a relajarse. ¿Tienes una *Isla de Esperanza* en el interior o exterior, a donde te gustaría retirarte para calmarte y sentirte seguro?

    - Si es así, describe tu lugar seguro. ¿Qué ves? ¿Qué sientes? ¿Qué oyes? ¿Qué hueles?

    - Si todavía no tienes tu lugar de seguridad, lee la sección "Creación de Un Lugar de Seguridad" en este libro.

Relaciones Seguras

- ¿Por qué era la abuelita Judy tan importante para Sophia?
- ¿Tienes a alguien como la abuelita Judy en tu vida?
  - Si es así, ¿quién es y qué es lo que hace a esa persona ser especial para ti?
  - Si no, imagina tener a alguien como la abuelita Judy en tu vida y describe lo que esa persona dice y hace cuando está contigo.
- Tara era el "lugar seguro virtual" de Sophia. Ella le permitió hablar sobre sus problemas sin juzgarla, reírse de ella o contarle a nadie sus secretos. Tara era compasiva y ella entendía. ¿Tienes un amigo/a como Tara en quien puedas confiar?
  - Si es así, describe a tu amigo/a y como sabes que tu amigo/a está a salvo.
  - Si no, imagina tener un amigo/a como Tara en tu vida con quien puedas compartir cualquier cosa y sentirte seguro. Describa qué dice y qué hace esa persona cuando está contigo y por qué sabe que está a salvo.
    * NOTA: Para probar si alguien puede ser un amigo/a seguro como Tara, comienza por compartir algo pequeño que no te hará daño si esa persona se lo cuenta a otra persona. Di con claridad que deseas que se mantenga en privado entre ustedes dos. Si cumplen con tu solicitud y no lo cuentan a otros, comparta algo más para probar nuevamente si este amigo/a está a salvo. Continúa revelando lentamente más y más

a medida que tu amigo/a demuestre confiabilidad. Si siempre honra tu amistad, estarás en camino de tener un amigo/a seguro y de confianza en tu vida.

- ¿Por qué se vaciló Sophia en contarle a un adulto fuera de su familia lo que estaba pasando en su casa?

- ¿Tienes un adulto de confianza en tu vida como la señorita Shekinah con quien puedes hablar? ¿Qué secretos compartirías con esa persona?

Símbolos

- ¿Qué significado tuvo para Sophia el collar de moldavita de la abuelita Judy?
    - ¿Qué te ayuda a sentirte conectado con otras personas?
    - ¿Qué te ayuda a sentirte conectado con la naturaleza?
    - ¿Qué te ayuda a sentirte conectado a tu Ser Verdadero?
- ¿Qué significa la palabra "libertad" para ti?
    - Para ti, ¿qué animal, persona, objeto o lugar simboliza la libertad?
- Libertad, el lobo, señaló a Sophia que era valiente para estar de pie por si misma con su padre. El lobo también reconoció que puede ser atemorizante contarle a alguien fuera de la familia sobre los secretos familiares.
    - Para ti, ¿qué animal, persona, objeto o lugar simboliza el coraje, valor?

- ¿Qué significa la palabra "gracia" para ti?
  - Para ti, ¿qué animal, persona, objeto o lugar simboliza la gracia?
- ¿Qué significa la palabra «verdad» para ti?
  - Para ti, ¿qué animal, persona, objeto o lugar representa tu Verdad, tu Ser Verdadero?
- ¿Qué simbolizó la pluma del águila para Sofía?
- Si pudieras elegir cualquier animal o ser para vigilarte y ser tu guía, ¿quién o qué sería y por qué?

Lecciones de los Animales

- ¿Qué aprendió Sofía del lobo Libertad, su guía?
- ¿Qué sentimientos había tenido Sophia dentro de sí misma? ¿Cuándo fue la última vez que te sentiste así? ¿Qué pasó?
- Sophia bailaba con su música favorita y hacia los estiramientos del 'Saludo al Sol' cuando se sentía molesta. ¿Qué actividades físicas serían formas divertidas para que te muevas y liberes energía negativa de tu cuerpo cuando te sientas molesto?
- ¿Qué le enseñó a hacer Gracia, la amiga cierva, de Sofía?
- ¿Cuál fue el mensaje del 'sabio' dentro de Sophia?
- ¿Qué explicación dio Verdad, el águila calva, a Sophia por tener que tomar el viaje final sola?

CREANDO UN LUGAR DE SEGURIDAD

Lugar de Seguridad Físico

Sophia usó la Isla de Esperanza como su lugar físico de seguridad, un lugar donde se reconectó con sentimientos de amor y seguridad. Tú también puedes crear un lugar seguro. Al crear un lugar seguro, puede ser tan simple como escalar un árbol favorito en tu jardín si tienes uno, o tan extravagante como decorar un rincón de tu dormitorio. A continuación, se presentan varias sugerencias para crear un lugar seguro.

- **Ubicación:** Elija una ubicación en la que ya te sientes cómodo y donde tienes la libertad de retirarte cuando te sientes molesto. Puede ser un lugar en tu casa o un lugar afuera.

- **Símbolos:** Coloca un objeto en tu lugar seguro que te recuerde de la chispa eterna de amor que existe dentro de ti. Para Sophia, el collar de moldavita fue inicialmente este simbólico. Al final de la historia, la pluma de águila que encontró en el suelo en la Isla de Esperanza se convirtió en esa señal. Considera lo que tu simbólico puede ser para simbolizar esta verdad para ti. La sección anterior "Preguntas sobre la sesión de escritura y discusión - Lecciones de los Animales" tenía preguntas sobre los símbolos de libertad, gracia, verdad y valor. Si respondiste a esas preguntas, tal vez uno o más de los símbolos que hayas creado sean adecuados para tu lugar seguro.

- **Artículos Calmantes:** Coloca artículos en tu lugar seguro que te ayuden a calmarte. Cuantos más sentidos te afectan, mejor. Los artículos que huelen bien, como las flores, un pedacito de lavanda, el perfume o las velas perfumadas funcionan bien. Una buena loción perfumada para las manos también funciona muy bien, ya que compromete tu sentido del tacto cuando frota la loción en tu piel, además de que involucra tu sentido del olfato con su aroma. Otro artículo de lugar seguro que estimula el sentido del tacto es un animal de peluche o una muñeca. Cuando damos un abrazo, recibimos un abrazo, incluso cuando abrazamos un juguete de peluche. Si tienes un juguete de peluche que te encantó cuando eras más joven, tal vez pueda tener un nuevo hogar en tu lugar seguro. Para la estimulación visual, puedes incluir una imagen de una escena que te guste, o una imagen de uno de tus símbolos como se describe en el párrafo "Símbolos" más arriba aquí. Por ejemplo, una imagen en tu lugar seguro de un hermoso arroyo podría ser un recordatorio de la libertad que sientes al permitir que fluyan tus sentimientos.

- **Actividades Calmantes y de Centrar:** Uno de los aspectos más importantes de tener un lugar seguro es lo que haces allí para poder sentir tus sentimientos, liberarlos y calmarte. Lee la sección "Actividades Calmantes y de Centrar" de este libro y elija una o más para practicar en tu lugar seguro.

Lugar Seguro Virtual

Cuando Sophia conoció a los amigos animales en su sueño, aprendió a crear otro tipo de lugar seguro, uno dentro de sí misma. Aprendió formas de respirar profundamente y de usar su imaginación para crear una sensación de paz y bienestar en su interior. Al practicar las actividades calmantes y de centrar en la siguiente sección, puedes crear un lugar seguro dentro de ti que puedes visitar en cualquier momento y en cualquier lugar. Comienza imaginando el simbólico que elegiste para recordarte de la chispa eterna de amor que existe dentro de ti y luego comienza a aplicar una de las actividades.

Amor y Agradecimiento de la Abuelita Judy

Este ejercicio de respiración se puede hacer en cualquier momento. Puede ayudarte a calmarte cuando te sientas molesto. También se puede hacer como una práctica diaria durante varios minutos.

Respira hondo, imaginando que estás inhalando amor a través de tu corazón. Mantén en tu mente la imagen de una persona, lugar o cosa que aprecias. En la exhalación, imagina que estás enviando aprecio a través de tu corazón a esa persona, lugar o cosa. A continuación, imagina esa apreciación expandiéndose a tu comunidad, a través de tu país y en todo el planeta. Continúa imaginando que estás respirando amor y aprecio a través de tu corazón. Abre los ojos cuando te sientas listo.

Saludo al Sol

Levanto mis manos al sol radiante.
Acojo con satisfacción su luz que brilla sobre nosotros como uno.
Saludo al águila volando alto en el cielo.
Dejo ir mis preocupaciones – las dejo fluir.
Toco la tierra rodeada del mar.
Veo la luz del amor en ti y en mí.

Este estiramiento se puede hacer con un compañero, frente a un espejo, o solo, mientras imaginas a alguien o algo que aprecias, frente de ti.

1. Toma una respiración lenta y profunda a través de tu nariz y luego deja que el aire salga lentamente por la boca. En cada exhalación, expulsa el aire haciendo un largo "haa" como lo harías si estuvieras tratando de empañar una ventana o un espejo. Trata de hacer que la exhalación dure el doble que la inhalación. Repita estas respiraciones profundas tres veces.

2. A continuación, respira normalmente. Observe que tu pecho se mueve suavemente hacia arriba y hacia abajo mientras tu cuerpo se relaja.

3. Di: "Levanto mis manos hacia el sol radiante," mientras estiras los brazos en el aire. Si no estás afuera o no puedes ver el sol, imagina el globo dorado en el cielo.

4. Di: "Doy la bienvenida a su luz que brilla sobre todos nosotros como Uno," mientras abres los brazos en forma de "V."

5. Di: "Saludo al águila que vuela alto en el cielo," mientras balanceas tus brazos adelante y atrás varias veces.

6. Pon tus brazos a tus costados.

7. Di: *"Dejo ir mis preocupaciones – las dejo fluir,"* mientras que giras tus hombros unas cuantas veces.

8. Di: "Toco la tierra rodeada por el mar," mientras que te diriges hacia la tierra o el suelo. Mantén tus piernas lo más rectas posible con las rodillas ligeramente flexionadas. Está bien si no puedes tocar el suelo. Es el estiramiento relajado que deseas.

9. Finalmente, haz una forma de corazón con tus dedos cuando digas: "Veo la luz del amor en ti y en mí." Si estás haciendo esto con un compañero, mira a tu compañero a los ojos y extiende tu corazón hacia tu compañero. Si estás haciendo esto en un espejo, mírate a los ojos y extiende el corazón hacia tu reflejo.

Meditación de la Quietud de Gracia

Vivimos en un mundo ocupado con mucha información y estímulos a nuestro alrededor. Parece que nuestras mentes están siempre activas. A veces hay tanto ruido en nuestras cabezas que es difícil saber cómo nos sentimos por dentro. Aprender a calmar tu mente y tu cuerpo puede ayudarte a mantenerte centrado y a conectarte con tus sentimientos. Sigue las instrucciones de Gracia a continuación para practicar aquietar tu mente y cuerpo. Haciendo esta una práctica diaria, aunque sea por unos pocos minutos, puede hacer una gran diferencia en tu bienestar general.

1. Toma tres respiraciones lentas y de limpieza profunda. En cada inhalación, dí a ti mismo: "Paz a mi mente." En cada exhalación, di, "Calma mis pensamientos y mi cuerpo."

2. Después de terminar tu tercera respiración, relájate, respira naturalmente. Concéntrate en tu respiración, notando cada inhalación y exhalación. Cuando tus pensamientos se distraigan nota tu respiración, simplemente repite "Paz a mi mente. Calma mis pensamientos y mi cuerpo," y continúa enfocándote en tu respiración.

3. Continúa esta respiración relajada durante unos minutos. Con el tiempo, trata de ampliar la duración.

El Viaje Guiado de Verdad

Verdad guio a Sophia en un viaje imaginario que la ayudó a descubrir su conexión con su Ser Verdadero: el amor. Tú puedes hacer lo mismo. Usa un dispositivo de grabación, como una aplicación de grabación de voz en un teléfono celular, para grabarte a ti mismo leyendo el guion en cursiva de este párrafo. Con una voz cálida y relajada, léela lentamente, deteniéndote después de cada frase para tener tiempo de imaginar la escena. Ya que tengas la grabación, busca un lugar donde puedas sentarte tranquilamente, como tu lugar seguro. Cierra los ojos, escucha la grabación y sigue las instrucciones.

Otra opción es inventar tu propio viaje guiado hacia tu Ser Verdadero que grabas y escuchas. ¡Usa tu imaginación y diviértete con esto!

GUION:

Cierra los ojos y toma tres respiraciones profundas y de limpieza. Observa cuando inhalas, cómo se eleva tu pecho cuando tus pulmones se llenan de aire y baja suavemente al exhalar, liberando el aire.

Ahora relájate, manteniendo los ojos cerrados. Permite que tu cuerpo respire naturalmente.

Visualízate a ti mismo, de pie en un bosque de árboles. Hay vegetación verde a tu alrededor y un aroma de tierra en el aire. Delante de ti, hay una cueva con una puerta de madera redonda. Mírate a ti mismo abriendo la puerta y entra. Visualiza que está oscuro dentro de la cueva, excepto por un débil resplandor esmeralda de una luz más adelante en la cueva. Siga un camino de tierra circular descendente hacia la luz. Observa con cada paso de tu descenso que la luz se vuelve más brillante.

Después de seguir el camino circular unas cuantas veces, ves la cueva abierta a una caverna expansiva y entras. Imagina que hay rocas verdes y vidriosas de todos los tamaños por donde quiera. Al otro lado de la caverna, hay una gran roca emergiendo de la tierra. Imagínate caminando lentamente para examinar la roca.

Imagina que la gran roca se divide por la mitad, creando una superficie lisa y espejada. Párate frente al espejo de roca. Imagina ver una luz brillante que se proyecta desde tu pecho y se refleja hacia ti desde la roca brillante. Inhala profundamente y déjalo salir lentamente. Reconoce que esta luz es la chispa eterna de amor que existe dentro de ti. Es la fuente inalterable de la que viniste y siempre ilumina tu camino.

Siéntate en silencio por unos momentos para asimilar esta verdad.

Respira profundamente, inhalando una apreciación por tu conexión constante con esta Fuerza de Vida; exhala con el pensamiento: "Esta es mi Verdad."

Toma una respiración más profunda de limpieza.

Cuando estés lista, abre los ojos.

PRÁCTICAS DE GRATITUD

Reflexión de Gratitud

Los sentimientos de apreciación tienen el poder de cambiar positivamente cómo nos sentimos dentro de nosotros mismos. Una Reflexión de Gratitud te conecta con estos sentimientos. Es tan simple como pensar en las personas, lugares, situaciones o cosas en tu vida que aprecias. Nómbralos en tu mente o en voz alta diciendo algo como "Estoy agradecido por...." o "Aprecio...." o "Doy gracias por...." y complete el espacio en blanco con lo que estás apreciando en ese momento. Puedes terminar con una declaración afirmativa como, "Mi corazón está lleno de gratitud." En la historia de la Isla de Esperanza, cuando la abuelita Judy hizo una Reflexión de Gratitud durante la cena del lado del campamento en el cumpleaños de Sophia, cerró con: "Abrimos nuestros corazones y recibimos este amor con gratitud."

Puedes crear una reflexión de gratitud propia en cualquier momento para cualquier cosa. No hay manera incorrecta de hacerlo. Cuanto más practiques esto, más transformarás tu estado interior en uno positivo.

Sesión de Escritura de Gratitud

Otra buena manera de conectarte con tus sentimientos de gratitud es reflexionar cada día sobre al menos tres cosas por las que estás agradecida y notarlas en una Sesión de Escritura de Gratitud. Esto sirve como un registro de tus Reflexiones de Gratitud diarias que puedes enumerar como una lista o como un diario. A muchas personas les parece una buena práctica antes de irse a dormir cada noche.

Puedes hacer un Diario de Gratitud simplemente colocando papel de tres orificios en una carpeta, o puedes comprar un diario en blanco en una tienda o sitio web que vende libros.

Frasco de Gratitud

Una forma divertida de practicar la gratitud es usar un frasco claro y vacío con una tapa y pequeños pedazos de papel para crear un Frasco de Gratitud. Cuando pienses en algo o en alguien por lo que estás agradecido, escríbelo en un pequeño trozo de papel, dóblalo y mételo en el frasco. Si deseas que se vea de color, corta pequeños trozos de papel de regalo y escribe tus notas de gratitud en el lado en blanco.

Tu Frasco de Gratitud se puede usar de varias maneras.

- El último día de cada mes, lee todas tus notas de agradecimiento para celebrar la abundancia de bondad en tu vida.

- En los días en que te sientas deprimido, saca una (o más) de tus notas de gratitud y léela. Esto puede ayudarte a recordar algo positivo. Además, puedes pegar la nota de gratitud a un espejo o pared en tu habitación para recordarte que hay algo en tu vida que agradeces.

- Si es posible, pídele a tu familia que puedan crear un Frasco de Gratitud para toda la familia en el que todos contribuyan. Cuando se sienten juntos a comer, saca una de las notas de gratitud y léela en voz alta. La nota puede permanecer en el anonimato, o los miembros de la familia pueden divertirse adivinando quién es el autor. ¡Esto también se puede hacer con tu familia elegida - tus amigos!

AFIRMACIONES POSITIVAS

Los sentimientos siguen a los pensamientos, y los pensamientos siguen a las creencias. El poder de esto es que puedes elegir cambiar tus pensamientos y creencias, lo que a lo último cambiarás cómo te sientes por dentro. Una práctica diaria de afirmar verdades positivas sobre ti mismo puede reconfigurar cómo piensas y te sientes.

Declaraciones de Afirmación

Una afirmación es una declaración que es verdadera. Al cerebro le gusta tener un objetivo. El uso de una afirmación positiva le da un buen objetivo. Crear una afirmación que sea positiva sobre ti mismo ayudará a tu cerebro a detectar evidencia de lo que estás afirmando. Por ejemplo, "Yo soy amor," es una afirmación positiva. Si lo dices con suficiente frecuencia, es probable que veas que es cierto y lo creas. Desafortunadamente, lo mismo sucede cuando usas afirmaciones negativas, como "¡Soy tan estúpido!" Cuando tienes este pensamiento negativo, tu cerebro busca y encuentra ejemplos de cuándo has cometido un error, lo que todos hemos cometido, reforzando esta creencia negativa sobre ti mismo.

Para comenzar a crear tu afirmación positiva, considera algo bueno acerca de ti mismo que puedas afirmar cada día. Puedes empezar con una frase como, "Yo soy" o "Yo puedo." y luego declara la bondad que estás afirmando. (*Yo soy paz. Yo puedo terminar mi proyecto.*) Puedes tener una afirmación con la que estás trabajando o varias frases afirmativas. Por ejemplo, al final de la historia de la Isla de Esperanza, Sophia afirmó, "¡Soy amor y estoy conectada con todo lo que es!"

Imprima tu afirmación, o tus afirmaciones, en un pedazo de papel para publicar en algún lugar que puedas ver todos los días, como la pared de un dormitorio o el espejo de un baño. Si hsa creado un lugar físico seguro, ese también es un buen lugar para publicar tus afirmaciones.

Si te encuentras luchando para crear afirmaciones, a continuación hay algunos ejemplos. Una búsqueda rápida en Internet sobre "afirmaciones para adolescentes" dará como resultado cientos de opciones para elegir.

Ejemplos de Afirmaciones		
Yo soy amor	Soy amado	Soy cariñoso
Estoy a salvo	Soy digno	Soy brillante
Soy útil	Soy digno de confianza	Me estoy mejorando cada día
Me siento calmado	Confió en mis habilidades	Tomo buenas decisiones
Yo puedo hacerlo	Tengo coraje	Aprendo de mis errores
Puedo hacer todo lo que enfoco en mi mente	Soy tierno conmigo mismo y con otros	Mi intuición es un guía que me muestra la dirección correcta

Otra forma de hacer afirmaciones positivas es hacer una lista de todas las afirmaciones negativas que comúnmente te dices a ti mismo y voltearlas al revés. La siguiente tabla proporciona algunos ejemplos de cómo cambiar una declaración negativa a una afirmación positiva.

Afirmación Volteada al Revés	
Declaración Negativa	Afirmación Positiva
Soy estúpido	Soy ingenioso
No puedo hacer nada bien	Yo puedo hacerlo
Soy un desastre	Me siento calmado
No valgo nada	Soy digno

Si descubres que estás resistiendo la afirmación positiva porque todavía no se siente real, comienza tu afirmación con "Estoy dispuesto a creer que..." o "Estoy abierto a la posibilidad de que..." Estas frases pueden crear un puente entre donde estás hoy y donde estarás finalmente creyendo tu afirmación. Usando el ejemplo de Sophia, si tu afirmación aún no se sentía cómoda, ella podría escribir: "Estoy dispuesta a creer que soy amor" o "Estoy abierta a la posibilidad de estar conectada a todo lo que es." Si utilizas una afirmación como puente, intenta la afirmación directa nuevamente después de unas semanas para ver si se siente más cómoda. Si no, continúa con la afirmación de tu puente.

El Cartel de Afirmación

Un Cartel de afirmación es simplemente un cartel con tu afirmación (o afirmaciones) que embelleces de manera decorativa, encantadora. Puedes imprimir imágenes inspiradoras de la Internet o recortar imágenes de revistas para colocarlas en tu cartel. También puedes pintar o dibujar en tu cartel, ponerle adhesivos, cualquier combinación de esto y más. Al igual que la frase de afirmación, tu cartel de afirmación lo puedes colocar en tu lugar seguro o en cualquier otro donde lo puedas ver fácilmente.

Por ejemplo, si Sophia creara un cartel de afirmación después de regresar de su viaje a la Isla de Esperanza, ella podría imprimir en su cartel, "¡Soy amor y estoy conectada a todo lo que es!" O podría imprimir una afirmación de puente como, "Estoy abierta a la posibilidad de que soy amor y estoy conectada con todo lo que es." Ella podría agregar: "Estoy a salvo. Permito que mis sentimientos fluyan. Comparto mis sentimientos con amigos de confianza." Posiblemente descargaría imágenes de la internet de un lobo, un ciervo y un águila calva, y las pegaría en su cartel. Incluso podría pegar su simbólico de Ser Verdadero, la pluma del águila, en el cartel de su afirmación.

Tu Cartel de Afirmación es para ti. ¡Adelante! ¡Expresa tu ser único, sin par!

APOYO

En la historia de Isla de Esperanza, Sophia agradeció poder hablar con su abuelita y luego con Tara sobre sus problemas. También aprendió de sus amigos animales que la ayuda de un adulto estaba disponible fuera de su hogar, y así es que planeaba hablar con su maestra, la señorita Shekinah, sobre su vida hogareña. Además de los maestros y consejeros escolares, hay muchas organizaciones y grupos disponibles para apoyar a alguien que enfrenta situaciones difíciles de la vida. Abajo hay unas cuantas referencias.

Organizaciones Referidas

- La Red Nacional de Violación, Abuso e Incesto (RAINN) es la organización contra la violencia sexual más grande del EEUU. RAINN creó y opera la línea telefónica directa de agresión sexual que conecta a las personas que llaman con un miembro del personal capacitado de un proveedor de servicios de agresión sexual en tu área.

- La línea directa es 1-800-656-HOPE (4673) y el sitio web es https://rainn.org y ***https://rainn.org/es para español***

- Línea de Vida Nacional de Prevención del Suicidio ha capacitado a trabajadores de crisis disponibles para hablar las 24 horas del día, los 7 días de la semana.

  - La línea de ayuda es 1-800-273-8255 y el sitio web es https://suicidepreventionlifeline.org

- Escribir el amor en sus brazos (TWLOHA) es una organización sin fines de lucro dedicada a presentar esperanza y encontrar ayuda para las personas que luchan contra la depresión, la autolesión, la adicción y el suicidio. TWLOHA existe para alentar, informar, inspirar e invertir directamente en el tratamiento y la recuperación.

  - El sitio web es https://twloha.com

- Administración de Servicios de Salud Mental y Abuso de Sustancias (SAMHSA) – referencias de tratamiento.

  - La línea de ayuda es 1-800-662-HELP y el sitio web https://findtreatment.samhsa.gov

Programas de Recuperación de 12 Pasos

- **Al-Anon** es un programa de apoyo mutuo para personas cuyas vidas se han visto afectadas por la bebida de otra persona.

  - El sitio web es https://al-anon.org

- **Alateen,** una parte de los Grupos de Familia Al-Anon, es una comunidad de jóvenes (en su mayoría adolescentes) cuyas vidas se han visto afectadas por la bebida de otra persona, si están bebiendo en tu vida o no. Los adolescentes se reúnen para compartir experiencias y encontrar maneras efectivas de enfrentar los problemas. Las reuniones de Alateen se pueden encontrar en el sitio web de Al-Anon.

- **Adult Children of Alcoholics® (ACA) / Dysfunctional Families** (Hijos Adultos de Alcohólicos - Familias Disfuncionales) es un programa de doce pasos / doce tradiciones de hombres y mujeres que crecieron en hogares alcohólicos o disfuncionales. Se reúnen para compartir su experiencia de crecer en un ambiente donde el abuso, el abandono y el trauma los infectaron, y para compartir su recuperación de sus efectos.
    - El sitio web es https://adultchildren.org

www.ingramcontent.com/pod-product-compliance
Lightning Source LLC
Chambersburg PA
CBHW071221070526
44584CB00019B/3098